Publications des « TEMPS NOUVEAUX » — N° 70

ANARCHISTES ET BANDITS

par A. Girard

Prix : 10 centimes

Groupe de Propagande par la Brochure

La propagande par la Brochure est une des meilleures propagandes si on peut la faire avec suite.

Le Révolté, La Révolte, Les Temps Nouveaux s'y sont employés de leur mieux. A l'heure actuelle, plus de 80 brochures diverses, dont les différents tirages réunis, dépassent un million d'exemplaires, ont été lancées par eux.

Malheureusement, les fonds manquent pour pouvoir en imprimer plus souvent de nouvelles, ou réimprimer, lorsque c'est nécessaire, celles qui sont épuisées.

Il s'agit donc de trouver **500** souscripteurs s'engageant à verser chacun **12 fr.** par an. Nous serions alors en mesure d'imprimer chaque mois — ou de réimprimer parmi celles épuisées — une nouvelle brochure de **0 fr. 10** ou deux de **0 fr. 05**.

Par contre, voici les avantages que nous offrons aux souscripteurs :

1° A chaque tirage, il leur sera expédié autant d'exemplaires que le comportera le montant de leur souscription calculé avec une remise de 40 0/0, frais d'envoi déduits

Ce qui leur permettra de s'employer à la propagande, en faisant circuler les brochures parmi ceux qu'ils connaissent, soit en les distribuant eux-mêmes, soit par la poste lorsqu'ils ne voudront pas faire savoir qu'ils s'intéressent à la propagande;

2° A chaque souscripteur qui sera libéré de sa souscription, il sera envoyé une lithographie spécialement tirée pour les souscripteurs.

Cette lithographie qui sera demandée à l'un des artistes qui ont déjà donné au journal, ne sera pas mise en vente et vaudra à elle seule, largement, le prix de souscription ;

3° A ceux qui souscriront **15** francs par an, il sera expédié un nombre de brochures dont le montant égalera celui de la souscription, calculé, toujours avec une remise de 40 0|0, plus une eau-forte qui, elle aussi, sera tirée spécialement pour eux, et non mise dans le commerce.

Ceux qui savent le prix d'une eau-forte artistique apprécieront le cadeau que nous leur offrons ;

4° A ceux qui souscriront au-dessus de **15** francs, il sera fait cadeau de la lithographie et de l'eau-forte.

Au camarade qui nous trouvera **10** souscripteurs, il sera fait cadeau de la lithographie. — Celui qui en trouvera **20**, recevra l'eau-forte.

Les souscriptions peuvent être versées par fractions mensuelles ou trimestrielles, etc., au gré des souscripteurs.

A ceux qui s'engageront mensuellement et qui ne se libéreraient pas de leur promesse, il sera, à la fin du trimestre, adressé un remboursement pour les 3 mois.

**Adresser les souscriptions au camarade Ch. BENOIT,
3, rue Bérite, PARIS.**

N.-B. — En discutant avec des camarades, il est facile de leur glisser une brochure, et de leur arracher deux sous. Les souscripteurs pourront ainsi récupérer le montant de leur souscription, et augmenter leur propagande.

Brochures à l'étude : *Origines et morale du Christianisme,* de Letourneau. — *La République des financiers,* de Delaisi — *L'Anarchie dans l'évolution socialiste,* de Kropotkine. — *La Morale anarchiste,* de Kropotkine, etc., etc.

Anarchistes et Bandits

Depuis quelques années, il ne peut se produire un
coup de main hardi : cambriolage sensationnel, attaque
à main armée, assassinat audacieux ; il ne peut se
découvrir une officine de fabrication ou d'émission de
fausse monnaie, sans qu'aussitôt police et presse — ces
deux sœurs amies et alliées — n'inscrivent ces méfaits
à l'actif des anarchistes.

De pareilles allégations, si obstinément réitérées,
tendent à rendre définitive dans l'esprit du public une
équivoque par laquelle le type le plus caractéristique
de l'anarchiste, c'est l'homme violent — quelque irrai-
sonnée, quelque inéclairée soit sa fureur — le voisin
dangereux, l'être insociable, le bandit.

Cette équivoque jette un trop grave discrédit sur nos
idées, elle crée un obstacle trop lourd à leur diffusion
pour que nous ne jugions pas qu'il importe à tout prix
de nous efforcer de la dissiper.

Il est vrai de dire que si la police et la presse s'éver-
tuent à entretenir une telle confusion dans l'opinion
publique, elles y sont fortement aidées par nombre de
dévoyés qui, soit ignorance, soit calcul, se revendiquent
eux-mêmes, prétentieusement, de l'Anarchie (1).

---

(1) Nous tenons à déclarer que nous ne visons, ici, que cette
catégorie d'individualistes qui, par suite d'une déformation
abusive du sens des mots et des idées, ne voient dans l'Anarchisme qu'une justification de leurs appétits et des moyens
plus ou moins répugnants par eux mis en œuvre pour les
satisfaire.

Il est, nous devons le reconnaître, nombre de camarades
sincères et très estimables qui, n'envisageant que le côté purement philosophique du problème humain, se bornent à pré-
coniser l'affranchissement intégral de l'individu sans s'occuper

Mais, parce que dans certains milieux, où fort indistinctement fréquentent de jeunes gobeurs fourvoyés, des profiteurs de leur crédulité et des agents provocateurs, l'Anarchisme, mis à toutes les sauces, sert de prétexte et de couverture aux actes les plus baroques, aux préoccupations les plus byzantines, aux extravagances les plus folles, à la satisfaction des instincts les plus vils même parfois; parce que, dans ces milieux, par exemple, on estime qu'il est très scientifique et très anarchiste, faisant l'économie de ses mouvements, de ne pas serrer la main d'un ami parce que c'est un geste inutile; de circuler les pieds nus dans des sandales, de ne pas fumer, d'être végétarien et abstème, de vivre de la prostitution sous prétexte que le travail salarié est une prostitution, alors sans doute que la prostitution simple n'en est pas une; de pratiquer l'estampage — de préférence celui des camarades, parce que moins dangereux en ses conséquences, — le chapardage et le vol clandestins pour la circonstance baptisés « reprise », la délation et le mouchardage quand l'épanouissement intégral du « moi » y trouve son compte, etc.; parce que, dis-je, il plaît aux habitués de ces cercles de déséquilibrés, de pédants ou de gredins d'invoquer l'Anarchie pour justifier des actes qui n'ont rien de commun avec elle, est-ce la faute de l'Anarchisme, doit-on le rendre responsable de ces erreurs ou de ces folies, et surtout voir là, la caractéristique même de la conception ?

Certes, nous ne répudions en rien la violence, la révolte qui se dressent contre le despotisme des forces d'autorité qui s'opposent au libre développement des individus.

Les lois, nous voulons les méconnaître; elles ont tout notre dédain car leur unique objet est la sauvegarde de ce despotisme. Et cette épithète d' « illégaux » si

---

des liens de solidarité qui forcément, qu'ils le veuillent ou non, enchaînent tous les hommes vivant sur la planète. Tout en conservant notre estime à ces camarades, nous pouvons exprimer le regret que leur conception demeure incomplète puisque ne voyant que *l'individu*, elle néglige *les individus* et leurs nécessaires rapports sociaux.

habilement accaparée par les individualistes, nous aussi la revendiquons.

Mais notre illégalisme ne vise pas l'affranchissement de notre seule individualité. En même temps que nous-même nous voulons libérer autrui, « cette masse ignorante, abrutie et servile » pour qui tant d'individualistes « conscients » n'ont que le plus hautain mépris — quand ils ne s'ingénient pas à tirer personnellement profit de cette ignorance et de cette servilité.

Et la révolte ne nous intéresse qu'autant qu'en elle réside un mobile ou que d'elle émane un enseignement susceptibles d'aider à la libération de tous.

Pour nous, c'est le mobile qui fait la valeur de l'acte. L'acte dicté par un mobile purement égoïste n'a, à nos yeux, aucune valeur. Combien différent nous semble l'acte altruiste qu'a préoccupé l'enseignement à donner, l'exemple à suggérer.

Aussi ne craignons-nous pas d'affirmer notre sympathie, voire notre admiration pour le courage et l'esprit de dévouement des révoltés de la période de 1891-1894, par exemple, parce que dans leurs actes, nous reconnaissons comme l'expression impétueuse, violente, excessive si l'on veut, des aspirations de justice qui bouillonnaient en leur cœur. Mais nous récusons toute parenté entre notre idéal et l'explosion d'appétits exaspérés, l'impatient désir de jouir qui sont le vrai mobile de certains gestes que l'on veut mettre sur le compte de l'Anarchisme.

Qu'importe que ces gestes se revendiquent de telle ou telle doctrine si les mobiles qui les déterminent sont en formelle opposition avec les principes de cette doctrine ? Celle-ci doit-elle quand même les adopter ? Doit-elle en porter la responsabilité ? « Le cléricalisme n'est pas la religion », disait un jour M. Gabriel Séailles ; le cambriolage, la fausse monnaie, l'estampage, le banditisme ne sont pas l'Anarchisme, pouvons-nous dire aussi. L'étiquette dont s'affuble une marchandise s'impose-t-elle donc forcément comme article de foi ?

Est-il équitable d'étendre à tous les adeptes d'une doctrine ou d'un parti la responsabilité des agissements de certains d'entre eux. Un homme religieux, par exemple, entendraiti-l, sans protester, incriminer dans ses principes la religion qu'il professe en raison d'accès de folie mystique venant frapper tel ou tel de ses co-religionnaires ? Un républicain acceptera-t-il que le principe républicain soit mis en cause en raison de l'improbité ou de l'immoralité de certains républicains ? Un patriote, que le patriotisme soit rendu responsable des louches combinaisons financières et des honteux tripotages auxquels il sert de couverture ? Tout parti politique, toute secte religieuse, philosophique ou autre sont affligés de membres véreux. Pourquoi ce traitement spécial à l'égard du seul Anarchisme ? Est-ce parce que, dans le cas visé, les délinquants le professent ?

Il y a de leur part erreur de drapeau. Ce n'est pas à l'Anarchisme, c'est bien à la société bourgeoise et à elle seule qu'ils appartiennent, ces jouisseurs effrénés, avides de jouissances immédiates, de vie large, de luxe et de bombance. Ces individualistes sont bien les fils de cette société dont la pierre angulaire est un droit de propriété que la législation définit « le droit d'user et d'abuser ».

Droit d'*abus*, c'est-à-dire droit de profiter, de jouir sans souci du préjudice causé, car l'abus implique nécessairement un tort, un dommage, sinon il cesse d'être abus. Où commence l'abus, commence le crime. Et c'est le crime — certains crimes — que consacre la société bourgeoise en proclamant le droit à l'abus.

Veut-on des exemples ? En vertu de son droit, un propriétaire peut, par le déboisement d'une contrée, provoquer les pires catastrophes, favoriser ou aggraver les plus désastreux fléaux : inondations, ouragans, ravinage, éboulement des terres, causant la ruine et la mort de nombreux habitants. Le propriétaire d'une industrie soit malsaine, soit meurtrière, peut acquérir une fortune colossale et mener une vie opulente grâce au travail qui, en peu d'années, tue les ouvriers qui y sont astreints. En vertu de leur droit d'abus, des brasseurs d'affaires peuvent impunément, par d'habiles et profitables spéculations, plonger dans la misère et pousser au suicide nombre de spéculateurs moins heureux. Des gouvernants peuvent, dans un intérêt personnel et sous

le couvert d'intérêt national, faire massacrer des cen-
taines de milliers d'hommes.

Les exemples fourmillent des ruines, des morts, des
calamités de toute sorte que, très légalement, peut dé-
chaîner ce droit d'abus. Tout ce que la société exige de
ce droit, c'est qu'il ne s'exerce point hors de certaines
formes.

Et ce sont de ces formes que, dans l'exercice de leur
droit d'abus, les « bandits tragiques » ont eu le tort de
sortir. C'est là leur crime. Ce droit d'abus, en vertu
duquel l'intérêt d'un seul se satisfait, fût-ce au détri-
ment des intérêts ambiants, la vie d'un seul s'épanouit,
fût-ce par la mort d'autrui, ce droit qui est une des
bases de la société bourgeoise, à tel point que toute une
complexe organisation coercitive, l'État, a été instituée
pour en protéger le libre exercice, ce droit d'abus qui,
en récompense du succès atteint, vaut honneur et considération à qui sait habilement l'exercer, ne valut à ces
bourgeois illégaux que prison et guillotine.

Simple question de forme, pourtant, dans la pratique.
Le fond, le mobile déterminant est identique, en effet,
chez ceux-ci et celui-là : prédominance de la jouissance
du moi, en dépit des répercussions sur le prochain. Cet
égoïsme individualiste, insoucieux des conséquences,
qui est une des caractéristiques de l'esprit bourgeois, est
aussi un des piliers de l'ordre social bourgeois contre
quoi toute atteinte est jugée subversive.

La société bourgeoise a été impitoyable pour ceux de
ses enfants dévoyés par l'état d'iniquité et d'inégalité
consacrées dont elle-même, cependant, du haut en bas
de l'échelle sociale, donne le spectacle.

Ils sont venus, ces enfants, dans une société où l'opu-
lence, le large bien-être, la joie de vivre, qui sont l'apa-
nage de certaines classes, ne peuvent s'édifier que sur la
souffrance, la misère et la mort d'autrui. Ils ont vu que
l'antagonisme, la concurrence entre les individus non
seulement sévissaient partout, mais étaient érigés en
dogme et considérés comme le principal et indispen-
sable facteur du progrès social. Ils ont vu le succès, les
honneurs, la considération publique invariablement
récompenser l'intrigant, l'habile, ou le combatif, alors

que le laborieux, le scrupuleux, le loyal croupit dans la médiocrité.

Eux aussi se sentaient travaillés d'aspirations vers tout ce qui est riche, brillant, fastueux, vers tout ce qui réjouit l'esprit et le corps.

Outre le luxe matériel, rayonnant au loin, qui exerçait sur eux une telle attirance, leur esprit, lui aussi avide de joies, aspirait au luxe du savoir. Pêle-mêle, sans méthode, ils lisaient sans souci des filières nécessaires, des gradations indispensables, brûlant les étapes, d'emblée grimpant au faîte, au risque des vertiges et des chutes fatales. Remarquez que leurs auteurs préférés, Stirner, Nietzsche, Le Dantec, etc., sont de ceux dont l'exacte compréhension exige la plus haute et la plus méthodique culture.

« Fiers, ainsi qu'on l'a dit, de se mouvoir à l'aise dans les domaines réservés à l'élite », fiers de cette fierté commune aux parvenus fils de leurs œuvres, inconscients des lacunes inévitables d'une instruction acquise au petit bonheur, ils avaient toutes les audaces, tout le dogmatisme absolu propres non pas tant aux ignorants qu'aux demi-savants.

Il ne faut pas attribuer à leurs seules lectures leur critique de la société. Cette critique est devenue chose banale, aujourd'hui, les vices de la société sautent à tous les yeux, et les mieux disposés à son égard se bornent à la donner comme pis-aller. Mais, ayant pris conscience des mensonges de la morale bourgeoise, en dépit de laquelle, nonobstant ses enseignements d'altruisme, d'abnégation et d'amour du prochain, le champ social donne l'aspect d'un champ de bataille avec toutes les horreurs, les abominations et les implacabilités de la guerre ; n'ayant plus foi en une vie future compensatrice des souffrances de celle d'ici-bas ; dégagés, par l'exemple ambiant et par la systématisation de leurs théories absolues, de tout scrupule dans la lutte pour la vie ; fortifiés, par d'incessantes controverses, dans leur nihilisme social et moral, rien ne restait qui pût contenir la poussée impérieuse de leurs appétits. Il fallait que ceux-ci se fissent jour, quand même, et, à l'exemple de ce qui se passait autour d'eux, par les voies les plus rapides, et à l'aide du moindre effort. Entre les voies légales et les voies prohibées, leur dédain des prescriptions de la loi ou de la morale levait chez eux toute hésitation : ils optaient aussitôt pour les plus aisées, les plus promptes à mener au but.

Anarchistes ? Non, ces jouisseurs impatients, qui, à défaut de l'instrument légal qui permet de « vivre sa vie » en toute sécurité : le capital, eurent recours à l'instrument illégal : le revolver, n'ont d'anarchiste que l'étiquette. Je le répète, ils sont bien les dignes fils de cette bourgeoisie dont l'idéal de jouissance et de luxe fut jadis formulé sous une forme saisissante, si concise et si précise, par l'un de ses plus hauts, de ses plus honorés, de ses plus caractéristiques représentants, Guizot, quand il criait à ses contemporains : « Enrichissez-vous ! »

Pour eux aussi, c'est la richesse, ou du moins les joies qu'elle procure, qui, à l'instar des bourgeois, leurs frères, faisait l'objectif de leurs efforts. Les moyens d'y atteindre ? Peu importait pourvu qu'il fût atteint. « Qu'importe que le geste soit équivoque, disaient-ils, s'il me rapporte à moi ! » « L'exploitation de l'homme par l'homme, dit M. Pierre Germain (1), leur paraissait aussi légitime que la domestication des animaux, puisqu'il existait des individus assez vils, assez lâches pour servir les autres. »

Ne reconnaît-on pas là tout le fond de la mentalité bourgeoise, ne retrouve-t-on pas là l'essence du credo bourgeois qui, s'il glorifie dans les mots le travail, réserve en réalité toute sa vénération à l'exploitation de ce travail ?

« Les seuls points, écrit encore M. Pierre Germain (2), qui affirme avoir fréquenté dans les milieux individualistes, les seuls points par lesquels ils m'ont paru différer des milieux bourgeois, c'est dans une plus grande intensité des mêmes vices soulignée par la plus

------

(1) Le Procès de l'Anarchisme, *Mercure de France* du 16 mars 1913.
(2) *Ibid.*

parfaite grossièreté de manières que j'aie jamais vue et qu'on chercherait vainement chez les rustres. »

Cet aveu est précieux, et n'est-ce pas ce que nous disions à l'instant ? Ces individus relèvent de l'ordre bourgeois. Les mobiles qui les mènent sont des mobiles bourgeois — les mêmes vices, avoue M. Pierre Germain ; — leur gestes, leurs actes ne se distinguent que par la forme — une plus grande intensité, la plus parfaite grossièreté de manières, avoue encore M. Pierre Germain.

*
* *

C'est que l'Anarchisme est autre chose, vraiment que tous ces enfantillages pédantesques, ces fanfaronnades prétentieuses, ou ces révoltes d'appétits en furie. L'Anarchie c'est le grand espoir de liberté et de bien-être qui de tout temps plus ou moins obscurément luit au fond de l'âme humaine, dont les multiples racines plongent profondément dans le passé, et dont les innombrables rameaux jaillissent avec foi vers le grand ciel de l'avenir.

Tout autour de son tronc puissant, le masquant plus ou moins, toute une exubérante végétation d'herbes mauvaises a surgi. Entre la brillante frondaison de l'un et la verdure surabondante de l'autre, des confusions furent faites souvent, attribuant à la prolifique extravagance de celle-ci l'essor superbe de celui-là.

Ce sont ces herbes folles que certains prennent pour des rejetons du grand arbre, alors que, malgré quelque similitude de feuillage entre elles et lui, elles appartiennent bien à la multitude nocive des ronces parasites.

Une des objections que l'on estime des plus concluantes contre l'Anarchisme, c'est de manquer de tradition historique.

Quelle erreur ! Aucune conception n'a de tradition plus ancienne, plus perceptible tout le long de l'histoire. Si l'on veut se donner la peine de feuilleter la nombreuse bibliothèque où se trouvent développées, commentées les bases de l'Anarchie, si l'on veut se rappeler qu'il existe des ouvrages de Bakounine, de Proudhon, de Kropotkine, d'Elisée Reclus, de M. Guyau, de Jean Grave, pour ne citer que les plus récents et les plus caractéristiques, on pourra y constater qu'il y est question à tout instant des origines soit historiques, soit philosophiques, morales, politiques, économiques, scientifiques ou esthétiques de l'Anarchie. On pourra y voir exposer comment et pourquoi l'Anarchie est l'aboutissement normal et inévitable de tout le long effort de l'humanité vers sa libération des contraintes artificielles où l'emprisonnèrent son ignorance et son erreur.

L'idéal anarchiste est comme l'armature qui soutint de tout temps l'humanité au cours de sa longue évolution vers le mieux.

Parfois, soit sous la poussée de cette aspiration vers le bonheur, soit pour réagir contre une oppression par trop aggravée, des sursauts agitaient le corps social. Révoltes plus ou moins conscientes des voies à choisir et du but à atteindre, mais toujours orientées vers le même objectif : plus de liberté, plus de bien-être, moins d'hostilité et plus de bienveillance dans les rapports humains.

L'histoire est pleine de ces secousses après quoi s'accélérait la marche de l'humanité vers le progrès. Dans l'antique Rome, combien de fois se posa impérieusement, violemment même parfois, la question agraire. La question agraire, c'est-à-dire le pain, le bien-être plus sûr, l'expansion plus grande de l'individu. Qu'on se rappelle aussi la révolte des esclaves.

Ne fut-il pas aussi un grand mouvement vers un idéal de fraternité et d'égalité, ce grand mouvement chrétien qui bouleversa l'empire romain et instaura un nouvel ordre social sur les ruines de la société païenne ? On l'a représenté depuis comme un mouvement purement religieux. Mais, si des croyances religieuses s'y mêlèrent, son envergure était autrement large. La situation morale de la civilisation d'alors était étrangement analogue à celle de notre temps. L'idéal religieux était éteint; aucun autre ne s'y était substitué. L'exploitation la plus féroce, le mercantilisme, l'affaissement des caractères, la recherche insatiable des jouissances immédiates, du plaisir au jour le jour, telle était la physionomie de l'époque. Comme aujourd'hui, le luxe désordonné et effréné des patriciens s'étalait sans pudeur, insultant à la misère plébéienne ; comme aujourd'hui, la vénalité était d'usage courant en haut comme en bas de l'échelle sociale ; comme aujourd'hui, le parasitisme, l'excès des impôts, affamaient la population, dont on amusait la patience par des promesses de pain et de jeux.

Mais au milieu de la corruption générale, — comme en un jardin, au sortir de l'hiver, surgit, sous un amas de choses mortes et de pourritures, toute une jeune végétation, d'abord invisible et qui, seule, régnera par la suite, — s'élaborait, fécondé par l'invincible force de la vie, un nouvel idéal : l'idéal égalitaire et fraternitaire des chrétiens. Le christianisme fut, à ses débuts, un mouvement de revendications et d'espoirs dans cet avenir social qui, de tout temps, préoccupa l'humanité, avenir social de rapports fraternels et de réciprocité amicale entre les hommes. Plus tard, l'incompréhension obtuse des Barbares vainqueurs, leurs superstitions puériles ne retinrent, en les accommodant à leur théogonie primitive, que les légendes religieuses et les accessoires mystiques de la conception chrétienne et en rejetèrent toute la partie sociale dont leur mentalité arriérée et brutale était incapable de saisir la beauté. Le mouvement, primitivement social, avorta et aboutit à la civilisation autoritaire et individualiste qui subsiste encore.

Mais l'idéal, momentanément éclipsé, vivait toujours au sein des masses. Après la longue diversion qu'entretint la période des invasions successives, quand la domination des nouveaux maîtres eut pris le temps de bien s'asseoir, la lutte du peuple contre ses oppresseurs reprit plus ardente. Mues par cet invariable idéal de liberté, nombre de communes conquirent, au besoin par la force et l'insurrection, leur droit d'autonomie. Ce fut pour les communes qui étaient parvenues à s'affranchir une magnifique période de prospérité.

Les révoltés partisans de Jérôme de Prague, les Hussites, les Anabaptistes proclamaient également, outre la liberté de penser, aspect religieux de leurs revendications, la liberté et l'égalité sociales. Les prédications des Anabaptistes notamment étaient fortement imprégnées de l'idéal anarchiste communiste.

A partir du xvi° siècle, un grand mouvement d'affranchissement intellectuel s'accentue partout. La Réforme est une revendication de libre critique, une révolte contre l'autorité du dogme. Elle aussi dévia, en imposant d'autres dogmes. Descartes, à son tour, expose sa méthode; il pose en principe fondamental la nécessité de faire « table rase » des idées et croyances reçues. Pour n'être pas insurrectionnelle, cette déclaration n'est-elle pas d'un anarchisme des mieux caractérisés ? Les guerres de religions furent — tout au moins du côté des persécutés — une des mille formes de la lutte de l'homme pour la conquête de son indépendance, en l'espèce, celle de la pensée.

Et toute la philosophie des penseurs du xviii° siècle ne fut-elle pas la préface de la grande commotion de 1789-1793 ? Cette grande révolution, qui substitua l'ordre bourgeois à la féodalité, ne se fit-elle pas au nom de la liberté et de l'égalité ? C'est du moins la formule magique qui avait soulevé l'irrésistible enthousiasme du peuple. A peine deux ans après, les maîtres du nouveau régime fusillaient déjà ce peuple au Champ de Mars ! Les Hébertistes et les Babouvistes revendiquèrent une plus complète réalisation de l'idéal formulé, les premiers en faveur de la liberté, les seconds de l'égalité.

La Commune de 1871 ne proclame-t-elle pas, dès le début, le 28 mars, la commune autonome, à l'exemple des communes du xi° siècle ?

Et depuis, toute cette évolution syndicaliste qui s'opère mondialement et internationalement, n'est-elle pas encore plus caractéristique ? Ne faut-il pas y voir l'immense organisation du monde du travail qui groupe, coordonne ses forces pour s'affranchir des contraintes multiples qui l'enserrent et l'oppriment ?

Sans doute, au cours de tous les mouvements que nous venons d'énumérer, ne se formulaient pas des programmes identiques quant à leurs détails. Aucun d'eux, même, ne s'élargit jusqu'à l'Anarchisme intégral tel qu'il a été développé de nos jours. Suivant les conditions de temps et de lieux, les revendications étaient d'importance diverse, telles ou telles prédominant suivant les cas. Mais dans tous nous retrouvons la même orientation générale, bien nette, vers le bonheur placé dans la plus grande liberté individuelle et dans une diminution des inégalités sociales. Longtemps on a cru pouvoir composer avec l'autorité, substituer un « bon » monarque à un tyran, un gouvernement libéral et bienfaisant à un gouvernement despotique et oppressif, arriver à un compromis acceptable entre ces deux antinomies : l'autorité et la liberté. Mais quelle que fut la forme adpotée, bientôt les mêmes abus sévissaient, sous d'autres aspects, mais néanmoins tout aussi lourds. Aujourd'hui on arrive à cette constatation que ce n'est pas sur la forme, mais sur le fond lui-même des choses que doivent porter les modifications, et c'est le principe de domination, de hiérarchie politique et économique, et non plus seulement ses applications, qui est battu en brèche, et dont la négation s'affirme plus radicalement de jour en jour.

Ainsi, peu à peu, s'éveille et s'éduque la conscience de l'être humain, de son enfance à sa virilité, abandonnant une à une ses illusions imaginatives pour prendre de plus en plus connaissance des réalités. L'humanité atteint cette grande crise morale qui éclate plus ou moins tard chez l'individu et souvent décide de sa mentalité et de l'orientation définitive de sa vie.

Et c'est grâce à ses révoltes réitérées contre l'autorité qui contrariait son expansion, contre les contraintes économiques que lui imposaient ses maîtres successifs, qu'elle a pu parvenir, malgré les répressions, malgré des défaillances et des accalmies momentanées, à orienter quand même, invariablement, son évolution vers le progrès moral et social.

Ces périodes de révolte et d'insurrection sont communément considérées comme des périodes de désordre néfaste et l'on affirme couramment que chaque fois que l'autorité disparaît ou même simplement se relâche dans une nation, il s'ensuit un état de troubles, de guerres intestines et de violences qui se reproduit immanquablement dans les mêmes conditions au cours de l'hisloire et dure jusqu'à ce qu'une autorité nouvelle ou plus forte que l'autre vienne réorganiser le pays.

C'est là une très fausse interprétation de l'histoire. Il n'y a là, en effet, qu'une apparence. Ce n'est point parce que l'autorité se relâche que les troubles éclatent. C'est au contraire quand la poussée des idées nouvelles devient trop impérieuse que l'autorité ébranlée, débordée, n'a plus la force de maintenir son oppression. Renversée, elle fait place au nouvel ordre de choses en quoi la masse, confiante et calmée, plaçait son espoir.

Et, contrairement à ce qu'on pense, ces périodes de trouble, de fermentation, sont les plus fécondes en progrès. Je citerai à l'appui de cette affirmation, la belle page suivante d'Elisée Reclus :

Les deux grandes périodes de l'humanité, par le mouvement des découvertes, par l'efflorescence de la pensée, par la beauté de l'art, furent des époques troublées, des âges de « périlleuse liberté ». L'ordre régnait dans l'immense empire des Mèdes et des Perses, mais rien de grand n'en sortit, tandis que la Grèce républicaine, sans cesse agitée, ébranlée par de continuelles secousses, a fait naître les initiateurs de tout ce que nous avons de haut et de noble dans la civilisation moderne : il nous est impossible de penser, d'élaborer une œuvre quelconque sans que notre esprit ne se reporte aussitôt vers ces Hellènes libres qui furent nos devanciers et qui sont encore nos modèles. Deux mille années plus tard, après des tyrannies, après des temps sombres d'oppression qui ne semblaient jamais devoir finir, l'Italie, les Flandres, l'Allemagne, toute l'Europe des communiers s'essaya de nouveau à reprendre haleine ; des révolutions innombrables secouèrent le monde. Ferrari ne compta pas moins de sept mille secousses locales pour la seule Italie ; mais aussi le feu de la pensée libre se mit à flamber et l'humanté à refleurir ; avec les Raphaël, les Vinci, les Michel-Ange, elle se sentit jeune pour la deuxième fois.

Puis vint le grand siècle de l'Encyclopédie, avec les révolutions mondiales qui s'ensuivirent et la proclamation des Droits de l'homme. Or essayez, si vous le pouvez, d'énumérer tous les progrès qui se sont accomplis depuis cette grande secousse de l'humanité. On se demande vraiment si, pendant ce dernier siècle, ne s'est pas concentrée plus de la moitié de l'histoire. Le nombre des hommes s'est accru de plus d'un demi-milliard ; le commerce a plus que décuplé :

l'industrie s'est comme transfigurée et l'art de modifier les produits naturels s'est merveilleusement enrichi; des sciences nouvelles ont fait leur apparition et, quoi qu'on en dise, une troisième période de l'art a commencé; le socialisme conscient et mondial est né dans son ampleur. Au moins se sent-on vivre dans le siècle des grands problèmes et des grandes luttes. Remplacez par la pensée les cent années issues de la philosophie du dix-huitième siècle, remplacez-les par une période sans histoire où quatre cents millions de pacifiques Chinois eussent vécu sous la tutelle d'un « père du peuple », d'un tribunal des rites et de mandarins munis de leurs diplômes. Loin de vivre avec élan, comme nous l'avons fait, nous nous serions graduellement rapprochés de l'inertie et de la mort. Si Galilée, encore tenu dans les prisons de l'Inquisition ne put que murmurer sourdement : « Pourtant elle se meut ! » nous pouvons, maintenant, grâce aux révolutions, grâce aux violences de la pensée libre, nous pouvons le crier sur les toits ou sur les places publiques : « Le monde se meut et il continuera de se mouvoir (1) ! »

Ce qui constitue la mentalité anarchiste, c'est l'esprit de révolte contre ce qui s'oppose au développement de l'individu. Et cet esprit de révolte, loin d'être un esprit de désordre, est au contraire la force créatrice, essentielle de tout progrès. L'être qui, comme le dit Haeckel, veut vivre et veut croître, se révolte contre son milieu, contre les conditions adverses qui l'entourent, tente de les modifier à son profit, de les adapter à la satisfaction de ses besoins, de s'en assurer le concours à l'extension de sa sphère d'activité. Cette force anarchiste est la force même de la nature. Quelle conception philosophique, quel système politique peuvent prétendre à une aussi profonde, à une aussi universelle tradition ?

L'effort, la lutte ne sont pas le désordre; l'inaction, l'immobilité ne sont pas l'ordre. Là est la vie, ici est la mort.

-----

(1) *L'Anarchie*, pp. 17 et 18 · édit. *les Temps Nouveaux*.

*_**

Longtemps l'erreur fut commune de croire qu'en l'absence d'un pouvoir répressif tout ne pouvait être que désordre et confusion. Cette croyance, comme le montre très bien P. Kropotkine dans *l'Anarchie, sa philosophie et son idéal*, était intimement liée à la conception générale que les hommes avaient du fonctionnement de l'univers et du mécanisme des choses naturelles.

Cette conception fut longtemps centraliste : « Prenez, dit Kropotkine, n'importe quel ouvrage d'astronomie de la fin du siècle passé (le XVIIIe) ou du commencement du nôtre. Vous n'y trouverez plus, cela va sans dire, notre petite planète placée au centre de l'univers. Mais vous y rencontrerez à chaque pas l'idée d'un astre central immense, le soleil, qui, par son attraction, puissante, gouverne notre monde planétaire. De cet astre central rayonne une force qui guide la marche de ses satellites et maintient l'harmonie du système. Issues d'une agglomération centrale, les planètes n'en sont pour ainsi dire que des bourgeons. A cette agglomération, elles doivent leur naissance ; à l'astre radiant qui la représente encore, elles doivent tout : le rythme de leurs mouvements, leurs orbites savamment espacées, la vie qui les anime et orne leur surface. Et lorsque des perturbations quelconques viennent troubler leur marche et les font dévier de leurs orbites, l'astre central rétablit l'ordre dans le système ; il en assure, il en perpétue l'existence (1). »

Mais l'étude des infiniment petits, la découverte et l'observation des êtres minuscules et des forces infinitésimales de la nature modifièrent du tout au tout cette conception centraliste. On s'aperçut que les espaces interplanétaires et interstellaires sont peuplés et sillonnés dans toutes les directions de petits « essaims » de matière, de poussières infimes, mais dont les agglomérations constituent des forces toutes puissantes. « Et

---

1. *L'Anarchie, sa philosophie et son idéal*, p. 8, Stock, édit.

c'est à ces poussières, à ces infiniment petits qui sillonnent l'étendue dans tous les sens avec des vitesses vertigineuses, qui s'entre-choquent, s'agglomèrent et se désintègrent partout et toujours, c'est à eux, dis-je, que l'astronome demande aujourd'hui d'expliquer et l'origine de notre système, soleil, planètes et satellites, et les mouvements qui animent ses différentes parties, et l'harmonie de leur ensemble. Encore un pas, et bientôt l'attraction universelle elle-même ne sera plus qu'une résultante de tous les mouvements, désordonnés et incohérents, de ces infiniment petits — des oscillations d'atomes qui se produisent dans toutes les directions possibles (1). »

Dans toutes les branches des connaissances humaines, une évolution semblable se produisit.

En physique, les notions de chaleur, de lumière, de son, de substance, n'évoquent plus l'idée d'entités métaphysiques, existant indépendamment des phénomènes constatés. Elles ne sont plus que des appellations, usitées, pour la commodité du langage, en vue de désigner un ensemble de vibrations, de mouvements atomistiques, dont l'aspect varie suivant les conditions dans lesquelles ces mouvements s'effectuent.

En physiologie, le corps, au lieu d'une entité simple, unique, est reconnu être une agglomération, une colonie de millions d'individus séparés réagissant les uns sur les autres, un véritable *cosmos* à lui seul.

De même en psychologie. Le psychologue ne parle plus de l'homme comme d'un être entier un et indivisible ; il voit en lui une « multitude de facultés séparées, de tendances autonomes, fonctionnant chacune indépendamment, s'équilibrant, se contredisant continuellement ». L'homme n'est plus pour le psychologue qu'une résultante, toujours variable de toutes ces facultés diverses, de toutes ces tendances autonomes des cellules, du cerveau et des centres nerveux ; comme

---

(1) *Ibid.*, pp. 8 et 9.

pour Laplace l'hypothèse Dieu, l'hypothèse âme devient inutile.

Les moralistes ne voient plus dans la conscience une lumière placée en l'homme par une divinité quelconque ou la Nature, lumière de même intensité chez tous et qui les éclaire également sur leurs devoirs, mais comme une connaissance plus ou moins nettement acquise, grâce aux multiples influences mésologiques, éducatives, physiologiques aussi et héréditaires, des obligations qu'impose envers soi et envers autrui la vie en société. L'acte humain n'est plus envisagé comme un phénomène simple, directement engendré par la volonté, mais comme la résultante d'une infinité de petites causes, un enchevêtrement d'influences antérieures ou concomitantes qui le déterminent dans tous ces aspects. La volonté, elle aussi, n'est plus, pour les moralistes, une « faculté de l'âme », mais le rapport entre l'action des mobiles déterminants de l'acte et les possibilités de réaction de l'individu contre ces mobiles. L'énergie de ces possibilités qui sont variables suivant les individus, intenses chez certains, nulles chez d'autres, est susceptible d'être accrue soit subitement par des circonstances spéciales amenant une exceptionnelle tension de l'être, soit peu à peu par suite des diverses conditions dans lesquelles l'être se trouve placé.

En sociologie, également, déclin de la notion d'un pouvoir central, monarque ou parlement, propulseur et régulateur du fonctionnement social. Celui-ci apparaît au contraire comme la résultante des actions et réactions réciproques des initiatives individuelles. Le pouvoir, dans une telle conception, devient une superfétation, un organisme parasitaire, lui aussi une « hypothèse inutile ».

Et, de cette refonte entière à la fois de la philosophie et des méthodes du savoir humain, s'est dégagé un esprit tout nouveau qui projette sur l'avenir un éclat jusqu'ici inconnu : l'Anarchisme.

L'Anarchisme, c'est le grand courant moderne, issu de l'apport des innombrables affluents nouveaux de l'activité humaine et qui emporte désormais la Pensée vers un océan insoupçonné, sans cadre et sans limites.

Car c'est partout à la fois, dans les sciences et dans les arts, en morale, en économie, en politique, que cette Pensée nouvelle poursuit avec un parallélisme parfait son évolution.

Voyez tout l'effort intellectuel du xix° siècle. Tandis que Darwin, Haeckel, Buchner font l'historique et formulent les lois de l'évolution et de la transformation des êtres et des espèces ; qu'Herbert Spencer développe sa grande synthèse embrassant successivement les sciences psychique, morale et sociale ; que M. Guyau jette les bases d'une morale anarchiste sans sanction ni obligation ; qu'Elisée Reclus, après avoir décrit et les peuples et le globe terrestre, donne cette autre synthèse historique, ethnique, philosophique et humaine qu'est *l'Homme et la Terre*, dans les lettres, Balzac, Stendhal, Flaubert, Zola étudient l'homme placé dans son milieu dont il fait partie intégrante ; Ibsen, Bjœrnstjerne Bjœrnson, Tolstoï posent au théâtre des problèmes moraux dont les solutions se dégagent toujours dans le sens de la révolte contre le mensonge, l'hypocrisie, les obligations extérieures ; Richard Wagner, outre sa conception nouvelle de la collaboration de tous les arts dans le drame, dresse dans sa *Tétralogie* l'héroïque épopée de l'humanité dont la révolte contre les lois, même morales, fait s'écrouler la puissance des dieux ; dans les arts aussi, avec Pissaro, Whistler, Rysselberghe, Maximilien Luce, Constantin Meunier, etc., une vision nouvelle de la couleur, de la forme, une recherche plus exacte de la vie en mouvement, s'épanouissent en œuvres vibrantes de lumière et de vie.

Cet esprit d'analyse, de critique, de décomposition en parties simples, puis de synthèse reconstitutive, généralisant du simple au complexe, procédant de la périphérie au centre, à l'inverse des méthodes antérieures allant du centre à la périphérie, cet esprit, dis-je, négateur des dogmes, des idées *a priori*, des notions métaphysiques, qui caractérise le mouvement intellectuel des xviii° et xix° siècles, c'est l'esprit anarchiste.

Des hommes qui ont compris et mesuré toute l'ampleur d'un pareil mouvement ont dit : Toute cette critique impitoyable des vieilles croyances, tout cet examen, cette dissection à l'infini des principes, cette nouvelle orientation de la pensée et du savoir humains, cette incrédulité croissante dans les dogmes imposés, ce constant progrès de la confiance de l'homme en soi et de la connaissance de ses propres forces, en le gardant des obéissances irraisonnées et des respects injustifiés, sont le prélude d'un état social jusqu'ici inconnu où, tout cadre limitatif brisé, l'être humain, libéré des contraintes extérieures, ayant pris peu à peu conscience de son rôle social, ne puisant qu'en soi sa loi directrice, pourra atteindre à l'intégral épanouissement de son individualité.

Ce sera le bonheur, affirment-ils avec certitude, car le bonheur réside dans l'expansion de l'être, dans l'exercice et la culture de ses aptitudes. L'homme, affranchi des obligations despotiques auxquelles il est astreint aujourd'hui par ceux qui en tirent profit, ibre d'orienter à son gré son activité, aura la joie du labeur volontairement consenti, de l'édification de l'œuvre rêvée. La disparition des antagonismes, fruits des inégalités factices qu'a créées la domination de l'homme sur l'homme, à cet état d'hostilité permanente qui fait de chaque individu un concurrent, un adversaire, un ennemi de son semblable, substituera l'entr'aide, base normale de toute société.

Chaque faculté, chaque aptitude, chaque virtualité ayant toute latitude pour s'épanouir en tous sens, l'humanité connaîtra une ère de prospérité économique et sociale, de grandeur intellectuelle et morale jusqu'à ce jour insoupçonnée.

Le libre jeu des initiatives individuelles, s'exerçant sans que vienne le fausser une ingérence oppressive quelconque, entretiendra au sein du corps social un état d'harmonie constant, toujours changeant, pourtant, en continuelle gestation d'équilibres nouveaux, de plus hauts perfectionnements ; car, tout cadre limitatif, toute contrainte, hormis les contraintes naturelles, étant abolis, l'horizon du progrès et du bonheur s'ouvrira indéfini devant l'humanité libre.

Des sceptiques émettent des doutes sur la possibilité d'un tel état social.

Cette possibilité n'est pas en cause. Que cela paraisse ou non réalisable à nos esprits limités, cela est possible, parce que cela sera, parce que cela ne peut pas ne pas être, parce que cela est l'aboutissement, l'épanouissement nécessaire de tout le grandiose mouvement intellectuel, moral et économiques des deux derniers siècles.

Comment cela fonctionnera-t-il ? L'organisation se fera-t-elle par communes libres, autonomes et fédérées entre elles à l'infini, ainsi que le préconisent quelques-uns ? Par constitutions de groupes d'affinités et d'intérêts, s'agglomérant ou se dissociant au gré des besoins ? Par des unions, des fédérations de producteurs assurant la production et la répartition ? On ne peut à l'avance l'indiquer. Il est probable que toutes ces formes se rencontreront plus ou moins modifiées, plus ou moins combinées, suivant les conditions de temps et de lieu. D'autres, non prévues, naîtront aussi. D'ailleurs, la trame sociale, devenue, grâce à l'absence de toute limitation gouvernementale, d'une merveilleuse souplesse, se prêtera spontanément, sans secousse, sans heurt d'aucune sorte, à toutes les adaptations nécessaires.

Et l'ordre régnera. Non pas cet ordre que beaucoup voient dans le silence et l'immobilité, l'ordre qui régna un jour à Varsovie et que réclame la quiétude des gouvernants, mais l'ordre symphonique qui résulte du concert de toutes les activités, de toutes les forces et de toutes les volontés harmoniquement associées.

Cela sera, je le répète, parce que cela est inévitable. Et les hommes qui ont compris, qui ont senti toute la beauté de cet âge d'or, de cet Eden dont l'éclat illumine notre avenir, ne peuvent pas ne pas consacrer toutes les forces de leur être à en hâter l'avènement. Ils se rient des persécutions, des injures et des travestissements qu'on inflige à leur pensée, et s'écrient avec Elisée Reclus : « En présence de ces évolutions profondes, irrésistibles, qui se font dans toutes les cervelles humaines, combien niaises, combien dépourvues de sens paraîtront à nos descendants ces clameurs forcenées qu'on lance contre les novateurs ! Qu'importent les mots orduriers déversés par une presse obligée de payer ses subsides en

bonne prose, qu'importent même les insultes honnête-
ment proférées contre nous par ces dévotes « saintes
mais simples », qui portaient du bois au bûcher de Jean
Huss ! Le mouvement qui nous emporte n'est pas le
fait de simples énergumènes ou de pauvres rêveurs,
il est celui de la société dans son ensemble. Il est nécessité par la marche de la pensée, devenue maintenant
fatale, inéluctable, comme le roulement de la terre et
des cieux (1). »

(1) *L'Anarchie*, p. 16 ; édit. *Temps Nouveaux*.

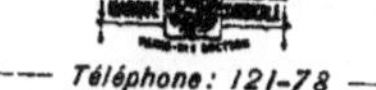

Imprim. LA PRODUCTRICE
— ASSOCIATION OUVRIÈRE —
51, Rue Saint-Sauveur, 51

Téléphone: 121-78

LECTURES POUR ENFANTS

Tous les livres de lecture pour enfants sont entachés de fausse morale religieuse ou bourgeoise. Nous avons cherché, dans la littérature de divers pays, les contes qui pouvaient amuser sans fausser l'esprit et, à cette heure, nous avons en vente trois volumes de contes choisis intitulés le **Coin des Enfants**, 1re, 2e et 3e séries, contenant des illustrations de Hermann-Paul, Kupka, Delannoy, Hénault, Iribe, Willaume, M. H. T. Delaw, et de Roëck.

Chaque volume : 3 francs
Les trois ensemble : 7 fr. 50

NOUS EN PRÉPARONS UNE 4ᵉ SÉRIE

Ouvrages de C.-A. LAISANT

En vente aux TEMPS NOUVEAUX

L'Education fondée sur la science, préface d'Alfred Naquet, in-16, 3e édition, 1911 (Alcan) 2 50

Initiation mathématique, ouvrage étranger à tout programme, dédié aux amis de l'enfance ; in-16, 13ᵉ édition, 1913 (Hachette) .... 2 »

L'Enseignement du calcul, conseils aux instituteurs ; in-16, 1910 (Hachette) .... » 60

La Mathématique; philosophie; enseignement; in-8, 2e édition, 1907 (Gauthier-Villars) .... 5 »

L'Anarchie bourgeoise, in-16, 2e édition, 1892 (*épuisé*).

BROCHURE

L'Illusion parlementaire (1909)...................... » 10

TERRE LIBRE

Par J. GRAVE. Illustrations de M. H. T.

Dans ce conte, écrit pour la « Escuela Moderna » de Ferrer, l'auteur a tenté de donner un aperçu de ce que pouvait être, dans une société égalitaire, l'organisation du travail.

Prix de l'exemplaire : 3 francs.